OBSERVATIONS

D'UN

ANCIEN MAGISTRAT

SUR

CES DEUX QUESTIONS :

LA SOCIÉTÉ, POUR SA SURETÉ ET PUNIR UN COUPABLE,
A-T-ELLE LE DROIT DE LE PRIVER DE LA VIE ?

ET SI CE DROIT LUI APPARTENANT, IL EST DANS SON
INTÉRÊT D'EN USER ?

PRIX : 2 FR., ET 2 FR. 25 C. PAR LA POSTE.

Au Dépôt des Lois.

A PARIS,

CHEZ GUSTAVE PISSIN,
SUCCESSEUR DE RONDONNEAU ET DECLE,
RUE SAINT-ÉLOI, N. 1,
EN FACE LA GRILLE DU PALAIS-DE-JUSTICE.

1830.

OBSERVATIONS

D'UN ANCIEN MAGISTRAT.

PARIS.

IMPRIMERIE ET FONDERIE DE G. DOYEN,

RUE SAINT-JACQUES, N. 38.

OBSERVATIONS

D'UN

ANCIEN MAGISTRAT

SUR

CES DEUX QUESTIONS :

LA SOCIÉTÉ, POUR SA SURETÉ ET PUNIR UN COUPABLE,
A-T-ELLE LE DROIT DE LE PRIVER DE LA VIE?

ET SI CE DROIT LUI APPARTENANT, IL EST DANS SON
INTÉRÊT D'EN USER?

Au Dépôt des Lois.

A PARIS,

CHEZ GUSTAVE PISSIN,
SUCCESSEUR DE RONDONNEAU ET DECLE,
RUE SAINT-ÉLOI, N. 1,
EN FACE LA GRILLE DU PALAIS-DE-JUSTICE.

1830.

INTRODUCTION.

Les réflexions que nous nous permettons d'offrir ici aux méditations et à la sagesse du législateur sont le fruit d'une expérience acquise par trente années de magistrature, dont quatorze comme attaché spécialement aux affaires criminelles.

Et nous aussi, pouvons-nous le dire, nous sommes amis de l'humanité; nos entrailles aussi s'émeuvent à la vue d'un homme que

l'on conduit encore plein de vie à l'échafaud, et qui bientôt sera tombé dans l'é-
ternité; néanmoins, nous n'en sommes pas
moins convaincus, dans l'état actuel des
sociétés, de l'indispensable nécessité de la
peine capitale, dans des cas extrêmement
rares à la vérité, lorsque, par exemple, le
coupable a porté le fer ou le poison dans le
sein de son semblable ou la flamme dans
ses propriétés [1].

Qu'on prenne garde à se laisser trop en-
traîner à cette sensibilité expansive dont
sont empreints presque tous les ouvrages

---

[1] Si la discussion, dans les chambres, se bornait à la question de savoir si la peine de mort doit être suppri-mée en matière politique, nous avons eu, depuis qua-rante ans, tant de déplorables exemples de son applica-tion, que nous nous rangerions volontiers pour l'affir-mative, mais dans le cas seulement où les tentatives des conjurés n'auraient entraîné la mort de personne.

du moment, surtout ceux qui émanent de nos jeunes gens; sans doute il est beau, il est heureux de voir une jeunesse brillante de talents parler, écrire en faveur du malheur dans les fers, lui consacrer ses veilles, enfanter pour lui des systèmes pénitentiaires. Je le sais, « le talent n'attend pas le nombre des années, » et pourtant, dussent-ils rire à nos cheveux blancs, ces jeunes gens, nous leur demanderons combien d'années ils ont réfléchi sur leurs systèmes; dussent-ils rire à notre vieille expérience de trente années de magistrature, qui n'a fait que confirmer dans notre esprit la sagesse des opinions si fortement prononcées des Mabli, des Jean-Jacques, des Montesquieu, nous leur demanderons s'ils ont quelquefois réfléchi qu'on était bien fort quand on avait pour soi de pareils penseurs.

La marche que nous avons suivie dans l'exposé de ces courtes observations est extrêmement simple, nous les avons divisées en deux parties. Dans la première, nous avons examiné *si la société, pour sa propre sûreté et punir un coupable, a le droit de le priver de la vie; et dans la seconde, si ce droit lui appartenant, il est dans son intérêt d'en user.*

Nous avons commencé par citer les opinions pour et contre des auteurs les plus graves sur cette matière si grave; nous avons exposé les raisonnements que chacun d'eux ont employés à l'appui de leurs différents systèmes et, entrant dans la discussion, nous n'avons pas balancé, pour corroborer nos propres raisonnements, à rapporter littéralement les arguments des auteurs dont l'opinion si imposante coïncide avec la nôtre.

En 1790, l'assemblée nationale renvoya à son comité de législation une proposition faite dans son sein, pour supprimer la peine capitale du Code pénal, dont s'occupait alors le comité.

Cette proposition fut mûrement discutée dans ce comité, composé des plus savants jurisconsultes de l'assemblée, qui cependant en renfermait un si grand nombre.

Le rapporteur de cette commission, M. de Saint-Fargeau, devant cette mémorable assemblée, disait : « Dans cette haute et redou« table théorie, nous ne nous arrêterons pas « sur la première partie de la question, sa« voir : si la société peut légitimement ou « non exercer ce droit; ce n'est pas là que « nous apercevons la difficulté, le droit « nous paraît incontestable. Un mot nous « paraît suffire pour établir sa légitimité : la « société, ainsi que les individus, a la faculté « d'assurer sa propre conservation par la « mort de quiconque la met en péril. »

Comme on le pense bien, dans une réunion d'hommes si distingués par les plus

grands talents, et auxquels on ne saurait dé-
nier d'avoir été imbus de ces idées philoso-
phiques qui dominèrent à cette époque tous
les esprits, la discussion sur des questions
d'une si haute importance dut être grande,
solennelle, approfondie; elle le fut, et cependant la peine capitale fut maintenue;
nous nous aiderons aussi de cette discussion.

Nous espérons que la lecture de cet opus-
cule, si on prend la peine de le lire, ne lais-
sera pas d'impressions défavorables à nos
sentiments, dans l'esprit du lecteur; si c'est
une erreur de notre part de croire qu'il est
utile, même dans l'intérêt de l'humanité de
maintenir la peine capitale, la sagesse des
législateurs dont s'enorgueillit en ce moment la France ne pourra manquer de
nous éclairer; et, quelle que soit leur déter-
mination, nous serons des premiers à reconnaître qu'ils ont mieux vu que nous.

OBSERVATIONS,

D'UN ANCIEN MAGISTRAT.

Le chapitre Ier du 3me livre,, titre 1er de notre loi pénale, presque tout entier, ne prononce que des peines capitales ; à chacun de ses articles l'esprit et l'imagination sont frappés de ces caractères sanglants : *La mort.* Cette réflexion nous mène tout naturellement à examiner, et nous le ferons avec quelque soin, ces grandes et importantes questions, qui ont partagé tant de bons esprits, tant de grands philosophes, et qui ont été si diversement discutées par eux, *de savoir si la société, pour sa sûreté, a le droit de priver un de ses membres de la vie, et si ce droit lui appartenant, il est dans son intérêt d'en user.*

Afin de procéder avec ordre et méthode, et par conséquent avec plus de facilité et de clarté, dans la discussion à laquelle nous allons nous livrer, de ces hautes et redoutables questions, nous pensons qu'il est indispensable de les diviser, et nous poserons celle-ci la première : *La société, pour sa propre sûreté, peut-elle, légitimement ou non, punir un coupable de la peine de mort ?* Jamais, répondront les uns ; oui, diront quelques autres ; quelquefois, dans des cas extrêmement rares, pourront répondre les partisans d'un troisième système. *Maintenant*, voyons, examinons et pesons, comme si nous avions une mission législative, les arguments et les raisonnements que chacun des trois partis pourra produire à l'appui de son opinion.

Le philosophe criminaliste qui a soutenu la négative avec le plus de force est assurément l'Italien Beccaria, dans son *Traité des délits et des peines*. Il pose d'abord en principe ce qui ne saurait être contesté, « qu'on ne peut donner ce qu'on n'a pas. « Or, dit-il, l'homme n'a pas le droit de disposer « de sa vie, donc il ne peut transmettre à qui que « ce soit le droit de le punir de mort. » Bien d'autres philosophes sont partis de ce raisonnement pour établir leur système ; ce raisonnement n'est qu'un sophisme qui peut bien séduire la sensibilité de quelques écrivains politiques, mais que repousse la prudence, la raison et la nécessité. Filangieri, Montesquieu, Mabli et Rousseau lui-même, cet ami si sensible de l'homme, l'ont

combattu, croyons-nous, victorieusement. « Cette
« question, dit Rousseau, ne paraît difficile à ré-
« soudre que parce qu'elle est mal posée ; tout
« homme a droit de risquer sa vie pour la conser-
« ver : a-t-on jamais dit que celui qui se jette par
« une fenêtre, pour échapper à un incendie, soit
« coupable de suicide ? » La conséquence nécessaire à tirer de cette proposition de Jean-Jacques
est qu'il y a des circonstances où l'homme a le
droit du moins de risquer sa vie ; ce droit bien
naturel lui étant une fois reconnu, devenant partie contractante dans le traité social « qui a pour
« fin, dit le même auteur, la conservation des con-
« tractants, voulant conserver sa vie aux dépens
« des autres, cet homme, ce contractant, doit la
« donner aussi pour eux, quand il le faut ; le con-
« trat social étant formé, le citoyen n'est plus
« juge du péril auquel la loi veut qu'il s'expose,
« et quand le prince lui a dit : Il est expédient à
« l'État que tu meures, il doit mourir, puisque ce
« n'est qu'à cette condition qu'il a vécu en sûreté
« jusqu'alors, et que sa vie n'est plus seulement un
« bienfait de la nature, mais un don conditionnel
« de l'État. La peine de mort, infligée aux crimi-
« nels, peut être envisagée à peu près sous le
« même point de vue ; c'est pour n'être pas victime

« d'un assassin que l'on consent à mourir si on le
« devient. »

« Mais quel est celui, poursuit le publiciste ita-
« lien, qui aura voulu céder à autrui le droit de
« lui ôter la vie? Personne assurément, au moins
« explicitement; car il n'est pas à présumer que
« lors de la passation du contrat aucun des con-
« tractants préméditât alors de se faire pendre,
« ainsi que ledit Jean-Jacques. »

Mais si j'entre dans le sein de la grande famille,
si je m'entoure d'un grand nombre d'hommes
dans l'espoir de couler mes jours en paix, de vivre
avec sécurité, de me mettre à l'abri des invasions
des ennemis étrangers, d'éviter le poignard des
assassins du dedans; si j'entends rendre mes con-
tractants, pour ainsi dire, responsables de ma vie,
ne contractai-je pas à mon tour l'obligation de me
joindre à eux et de risquer ma vie pour repousser
les attaques des ennemis du dehors, pour éloigner
d'eux le poignard des assassins? et si au contraire
je porte les armes contre la commune patrie, ou
si je perce le sein d'un de mes concitoyens, si je
deviens traître ou assassin, le contrat qui nous
unissait n'est-il pas rompu par ma violation, par
ma félonie? et tous mes co-contractants, ou plutôt
celui ou ceux qu'ils ont délégués, n'ont-ils pas le

droit, la loi ou notre contrat d'une main et une épée de l'autre, de me frapper? ne suis-je pas leur ennemi?

Montesquieu, sur cette question qui méritait bien pourtant d'exercer son génie, donne peu de développements. « Parlant des supplices, cette « peine, celle du talion, dit-il, est tirée de la na- « ture de la chose puisée dans la raison et dans les « sources du bien et du mal; un citoyen mérite « la mort lorsqu'il a violé la sûreté au point qu'il « a ôté la vie, ou qu'il a entrepris de l'ôter; cette « peine de mort est comme le remède de la société « malade; et il va jusqu'à dire que, lorsqu'on viole « la sûreté à l'égard des biens, il peut y avoir des « raisons pour que la peine soit capitale. »

Mabli, le puritain, Mabli, de tous nos publicistes le plus révolutionnaire assurément, et dans lequel nous nous sommes toujours étonnés de ne pas voir nos novateurs venir puiser plus souvent; qu'ils ont cité rarement; qu'ils ont oublié pour ce pauvre Rousseau, qui eût été, s'il eût vécu sous leur règne de fer, une de leurs premières victimes; qui eût expié sur un échafaud quelques erreurs qu'aurait désavouées son cœur, en voyant les conséquences atroces qu'en ont tiré les sacriléges qui se disaient ses amis.

Mabli, dans son ouvrage sur la législation, répondant à milord, qu'il se donne pour interlocu-
teur et qui lui dit : « Je suis scandalisé que les lois
« infligent la peine de mort contre les coupables;
« dès que je vois le législateur et les magistrats
« armés de l'épée, je sens une indignation secrète
« dont je ne suis plus le maître. Qui leur a donné
« ce droit funeste? les citoyens, me direz-vous;
« je le nie, et j'insiste en disant que si les citoyens
« ont fait cette concession odieuse, ils ont fait ce
« qu'ils n'avaient pas le droit de faire; c'est un
« axiome trivial que personne ne peut donner, etc.
« (le grand argument que nous avons déjà rap-
« porté.) »

Mabli, répondant, disons-nous, à milord, s'exprime ainsi :

« Je voudrais, milord, de tout mon cœur que
« vous eussiez raison: *voilà ce que c'est que d'avoir*
« *établi cette propriété* qui a fait naître tant de vi-
« ces dans le monde et qui force presque le légis-
« lateur à être barbare. Quoique les lois ne puis-
« sent jamais être trop douces, il faut cependant
« se garder de proscrire toute peine capitale. Si
« notre cœur dépravé se porte aux plus grands ex-
« cès, si la politique a épuisé inutilement toutes
« ses ressources pour nous corriger, il n'est pas rai-

« sonnable d'effrayer nos vices ? Ne croyez point,
« milord, que pour déposer l'épée dans les mains
« du législateur nous ayons dû avoir le droit de
« disposer de notre vie ; c'est au contraire pour la
« défendre contre les attaques ouvertes ou cachées
« d'un meurtrier que nous avons demandé ces lois
« sanguinaires qui vous révoltent. Dans l'état de
« nature j'ai droit de mort contre celui qui attente
« à ma vie, et en entrant en société j'ai résigné ce
« droit aux magistrats, pourquoi n'en useraient-ils
« pas ? Les citoyens ont exigé que le législateur
« veillât à leur sûreté et que l'épée à la main il
« écartât les dangers dont ils sont menacés.

« Vous avez dit, milord, que la nécessité où se
« trouve une république d'opposer la force à un
« ennemi est une preuve certaine du droit qu'elle
« a de le faire, et il me semble qu'avec ce même
« argument, auquel il est impossible de rien répon-
« dre de solide, je puis vous prouver que les lois
« doivent quelquefois prononcer la peine de mort.
« Je dis que dès qu'il y a des hommes capables de
« commettre un meurtre volontaire et prémédité,
« des empoisonneurs et des assassinats, le législa-
« teur doit les condamner à perdre la vie. Tout
« me dit qu'il n'y a plus d'ordre, de règle, de sû-
« reté, ni de droit sacré parmi les hommes, si le

« sort d'un citoyen vertueux est pire que celui
« d'un meurtrier ; c'est cependant ce qui arriverait
« si je perdais le premier, le plus grand et le plus
« irréparable des biens , tandis que mon assassin
« conserverait la vie ; tout me démontre que les
« lois contre le meurtre seront inutiles si on ne
« condamne pas le meurtrier à mort. Sans cette
« loi, la haine ou la vengeance d'un lâche pourrait
« se satisfaire en jouant, si je puis parler ainsi , un
« jeu trop inégal contre le citoyen dont il médite-
« rait la mort ; l'un ne mettrait en jeu que sa liberté
« et l'autre y mettrait sa vie. »

Voici quelques-uns des arguments du criminaliste et tout à la fois homme d'état, Filangieri.
Après avoir posé, pour le réfuter, ce grand argument, que personne ne pouvant donner ce qu'il
n'a pas, l'homme n'a pas le droit etc., il dit : « Il
« serait aisé d'étendre ce sophisme à toutes les au-
« tres espèces de peines qu'on emploie pour répri-
« mer les délits ; on pourrait dire que, puisque
« aucun homme n'a droit de se tuer, aucun homme
« n'a droit d'accélérer sa mort et par conséquent
« de se laisser condamner aux mines, aux galè-
« res, etc. » On pourrait ajouter : comme personne n'a droit de disposer de sa vie, personne n'a
droit de disposer de son honneur et de sa liberté.

Tout le monde sait que la société doit avoir le droit de punir de mort l'homme atroce qui a fait périr son semblable, mais où est le fondement de ce droit? Ici commence l'incertitude.

« Dans l'état d'indépendance naturelle, se de-
« mande Filangieri, ai-je droit de tuer l'homme
« injuste qui m'attaque ? personne ne doute de
« ce principe : si j'ai droit de le tuer, il a perdu le
« droit de vivre, car il serait contradictoire que
« deux droits opposés existassent en même temps.
« Mais on demandera peut-être si ce principe est
« applicable au seul cas de l'agression et de la dé-
« fense ? »

Si l'événement répond au dessein de l'agresseur, si son malheureux ennemi tombe sous son bras homicide, alors le droit qu'avait celui-ci sur la vie de l'agresseur est-il éteint par sa mort, ou bien peut-il être exercé par tous les autres hommes? doit-on supposer que l'agresseur, qui avait perdu le droit à la vie avant d'achever son crime, l'ait recouvré lorsque le délit a été consommé? doit-on croire que de la même cause naissent avant et après deux effets si diamétralement opposés?

« La nature ne fait rien sans objet, dit encore
« notre auteur : or, quel est l'objet de la haine qui
« s'élève dans notre ame contre un criminel ?

2.

« Qui de nous, au récit d'une action atroce,
« ne voudrait faire expier à un criminel le mal
« qu'il a fait à un infortuné qui nous est inconnu ?
« Sommes-nous alors déterminés par quelque mo-
« tif d'intérêt personnel ?

« Si la nature n'avait donné qu'à l'offensé le
« droit de tuer l'agresseur, pourquoi ferait-elle naî-
« tre dans notre ame un sentiment de haine si pro-
« fond contre celui-ci ?...

« Si l'état naturel avait tant d'imperfections, ce
« n'est pas parce que les hommes y étaient privés
« du droit de punir, c'est parce qu'ils manquaient
« de la force nécessaire pour l'exercer dans tous
« les cas...

« Or, cette imperfection de l'état de nature a
« été corrigée dans la société : on n'a pas créé un
« nouveau droit, on a assuré l'exercice d'un droit
« ancien.

« Le dépositaire de la force publique exerce ce
« droit général que tous les individus ont trans-
« porté au corps de la société, ou au chef qui la
« représente.

« Résumons-nous : l'homme dans l'état de na-
« ture a droit à la vie ; il ne peut renoncer à ce
« droit, mais il peut la perdre par les crimes. »

Tous les hommes ont, dans cet état, le droit de

punir la violation des lois naturelles, et si cette violation a rendu le transgresseur digne de mort, chaque homme a le droit de lui ôter la vie. Or, ce droit, dans l'état d'indépendance naturelle que chacun avait sur tous et que tous avaient sur chacun, a été transmis à la société et déposé entre les mains du souverain.

Dans l'assemblée constituante, lors de la discussion sur le Code pénal, un seul orateur (et quel orateur encore, grand Dieu !) [1], même parmi ceux qui affichaient le plus de philantropie, entreprit de contester à la société le droit de vie et de mort. M. de Saint-Fargeau lui-même, rapporteur du comité de législation, s'exprimait ainsi : « Il faut « aborder et résoudre enfin cette grande question: « la peine de mort formera-t-elle ou non l'un « des éléments de notre législation criminelle ? « Dans cette haute et redoutable théorie, nous ne « nous arrêterons pas sur la première partie de la « question, savoir si la société peut légitimement « ou non exercer ce droit; ce n'est pas là que nous

---

[1] Ce fut Roberspierre qui, en 1791, soutenait que la peine de mort était essentiellement injuste; qu'aucun principe de justice ne pouvait autoriser la société à la donner; et qui, deux ans plus tard, dévorait les hommes par milliers.

« apercevons la difficulté, le droit nous paraît
« incontestable... Un mot nous paraît suffire pour
« établir sa légitimité : la société, ainsi que les in-
« dividus, a la faculté d'assurer sa propre conserva-
« tion par la mort de quiconque la met en péril. »

Il serait difficile de rien répondre de solide à des
arguments aussi forts que ceux que nous venons
de reproduire ; cependant ont vit, en 1790, un
jeune écrivain entreprendre de combattre les opinions de Filangieri, Montesquieu, Rousseau et
Mabli, et se ranger du parti de Beccaria : nous le
combattrons à notre tour; nous nous attacherons à
lui plus particulèrement, parce qu'il est un des auteurs modernes, que nous connaissions du moins,
qui ait donné le plus de développement, en traitant
cette terrible et importante question, à son opinion ou plutôt à son sentiment; nous le combatte-
rons avec des armes que nous emprunterons à nos
quatre philosophes, avec celles que nous pourrons
tirer de notre propre fond, et quelquefois même
avec les siennes.

Mais avant d'entamer cette discussion, nous dirons quelque chose de l'opinion d'un poète, qui,
dans un discours sur l'immortalité de l'ame, a présenté cette question sous un aspect imposant, en
puisant la force de ses raisonnements dans les dog-

mes de la religion, dans le dogme de l'immortalité. Parlant de la peine capitale : « Une telle loi, dit- « il, me semble hors du pouvoir des hommes qui « croient aux peines et aux récompenses de l'autre « vie... Nul pouvoir sur la terre n'a le droit d'a- « vancer les jours d'un homme pas plus que la fa- « culté d'en reculer le terme. »

M. de Norvins emploie dans son discours sur l'immortalité de l'ame, à l'appui d'un système négatif de Beccaria, des arguments qui demanderoient plutôt pour être réfutés la dialectique d'un théologien, que celle d'un homme du monde ; aussi n'est-ce qu'avec une extrême et respectueuse défiance que nous entreprenons d'y répondre : toutefois nous demanderons si, lors de la création, Dieu, ordonnant aux hommes de vivre en société (car c'est le leur avoir ordonné que de les avoir organisés de manière à ne pouvoir se passer les uns des autres), ne leur a pas en même-temps donné la faculté, le pouvoir et le droit de se constituer de telle sorte, que chacun peut s'engager à contribuer de tous ses moyens, de sa vie même s'i étoit nécessaire, à la tranquillité, au bonheur de tous, et tous au bonheur de chacun? Tel a dû être et a été en effet le but de la divinité, lorsqu'elle a jeté sur la terre sa créature de prédilection. Or, si

les hommes en s'associant, pour le plus grand intérêt dé tous, en formant tacitement leur contrat,
car il n'est pas de société sans contrat, se sont dit :
Peut-être se trouvera-t-il parmi nous quelques
méchants, peut-être s'en trouvera-t-il même d'assez pervers, d'assez barbares pour porter une main
fratricide sur un de leurs frères ; ils ont pu se dire
aussi : Alors il faut insérer dans notre contrat une
clause portant une espèce de loi du talion, et
d'après laquelle chacun saura qu'il lui sera fait
comme il aura fait aux autres, que s'il tue il sera tué.

Qu'est-ce qu'une pareille stipulation présente de
contraire aux volontés du Créateur, s'il entrait
dans les décrets éternels de la providence, dans
son grand ordre de la nature, qu'il y eût des méchants sur la terre ? Comme elle ne peut avoir re-
fusé à l'homme, dont elle veut essentiellement le
bonheur, la faculté de se débarrasser de tout ce qui
est capable de porter atteinte à ce bonheur, et cela
par tous les moyens qu'il jugerait les plus capables
d'y parvenir, est-ce que ce peut être un crime à
ses yeux de retrancher de la société celui qui n'a
pas craint de la troubler ou qui a osé frapper à
mort l'un de ses membres ? non assurément [1], et ce

---

[1] Nous ferons observer qu'il ne s'agit que du droit, et que nous ne

n'est pas là dépasser, comme le prétend notre auteur, « les limites qu'à Dieu seul il appartient de
« franchir , à Dieu qui rappelle à lui quand il lui
« plaît sa créature.» M. de Norvins dit encore: Que
« cette créature est inviolable pour la vie qu'elle
« avait reçu , et que nul pouvoir sur la terre n'a
« le droit d'avancer les jours d'un homme pas plus
« que la faculté d'en reculer le terme. » Nous lui
demanderons si un général, qui ordonne à un corps
de grenadiers d'aller pour s'emparer d'une redoute,
affronter cent bouches à feu qui vont bientôt vo-
mir la mort dans leurs rangs , a la faculté d'avancer ou de reculer le terme de leurs jours? Ne pour-
rait-on pas dire que soutenir le contraire ce serait, jusqu'à un certain point, reconnaître le dogme
du fatalisme ? car , si ce général retire l'ordre d'aller en avant, il recule évidemment le terme des
jours de ses soldats, et s'il agit dans cette occasion
d'après sa propre volonté , il aura eu incontesta-
blement la faculté de prolonger leur existence ;
ou s'il agit, selon vous, d'après une impression
surnaturelle, alors vous croyez au fatalisme,
système décourageant , capable de rompre les

---

traitons pas encore la question de savoir si la société a intérêt ou non
à appliquer la peine capitale.

liens sociaux , et qui n'inspire jamais qu'une bravoure brutale.

On dira peut-être qu'en effet un général a la faculté de livrer ou de ne pas livrer bataille , et par
conséquent d'avancer ou de reculer le terme d'un
grand nombre d'individus ; mais que ce n'est là
qu'une faculté de fait, et non une faculté de droit
qu'il tient de la société , qui a bien eu le pouvoir
mais non pas le droit de la lui conférer, « parce
« qu'à Dieu seul, qui a donné la vie à l'homme ,
« appartient le droit de la lui ôter ; parce qu'il est
« impossible de penser que Dieu ait jamais enten-
« du transmettre une portion aussi importante de sa
« puissance. » Et pourquoi, et qu'y aurait-il donc
de si déraisonnable à dire que le Créateur a daigné
déléguer à l'homme, collectivement pris, ses pouvoirs et ses droits pour punir une de ses créatures,
lorsqu'elle se rend coupable d'un grand crime? La
religion ne dit-elle pas : Ne faites pas à autrui, ce
que vous ne voudriez pas qui vous fût fait ; eh bien!
la conséquence nécessaire , toute naturelle de ce
précepte , n'est-elle pas que, si vous avez porté
préjudice , si vous avez fait du mal à autrui, il
vous soit fait du mal ; ou que si vous avez tenté de
détruire la société, ou si vous avez privé de la vie
un de ses membres , vous devez vous attendre que

la société, usant du droit qu'elle tient de la divinité, et qui dérive aussi de votre contrat, vous punisse pour se venger, en raison des maux que vous aurez causés.

On pourrait aisément pousser plus loin ces raisonnements pour répondre au système religieux de M. Norvins ; mais comme ce n'est qu'avec beaucoup de timidité que nous nous sommes hasardés à entrer dans une pareille discussion, c'est avec empressement que nous l'abandonnerons ; et, tout en applaudissant aux principes de ce poète, nous lui dirons que, moins hardi que lui, et redoutant d'ailleurs des débats trop métaphysiques, nous n'osons nous appesantir sur cette matière sacrée, digne de tous nos respects, et qui nous commande le silence.

Nous arrivons à la réfutation des opinions de l'auteur, guères moins courageux que M. de Norvins qui, en 1790, à cette époque à laquelle les idées nouvelles et extraordinaires avaient jeté déjà de si profondes racines, où tout ce qui pouvait présenter quelque chose d'un peu grand, mais de bizarre et surtout de merveilleux, trouvait tant de partisans ; nous arrivons, disons-nous, à la réfutation des opinions de cet auteur qui, en 1790, se rangeant au nombre des sectateurs de Beccaria,

entreprit, et avec quelque succès, nous l'avouerons, de combattre les principes d'après lesquels
les Filangieri, les Montesquieu, les Mabli et les
Rousseau, soutenaient qu'à la société appartenait
le droit de punir, même de la peine capitale, ceux
de ses membres qui s'étaient chargés d'un grand
crime, par exemple du crime d'homicide ou de
conspiration contre l'état.

Ce n'est pas sans crainte (il le dit lui-même) que
notre jeune auteur (il était jeune en 1790) pro-
pose ses réflexions sur la peine de mort, contre
l'opinion des quatre grands philosophes que nous
venons de nommer. Il n'a pas, dit-il, la préten-
tion de s'élever jusqu'à ces grands hommes, et il
aurait gardé un silence profond si leur système lui
paraissait moins dangereux ; et puis citant, pour
entamer sa discussion, un argument de Filangieri,
qui pose en principe « que si personne ne peut
« disposer de sa vie , il ne peut davantage disposer
« de son honneur et de sa liberté, » voici comment il prétend réfuter cet argument : « En dis-
« posant de sa vie , dit-il, on prive la société d'un
« citoyen qui lui serait utile, mais il continue à
« l'être dans les fers. » Et d'abord, quelle perte
est-ce donc pour la société que d'être privée de ce
citoyen qui a homicidé un vrai citoyen, qui a con-

spiré contre la patrie ou qui a peut-être porté une main parricide sur l'auteur de ses jours? Nous savons bien, et nous aurons occasion de l'établir bientôt, que le sacrifice de l'honneur, la privation de la liberté, sont des pertes bien légères pour de pareils scélérats, en comparaison de la cessation de la vie; mais nous le répétons, qu'y perd la société? quelques jours de travail que l'on n'obtient jamais que par les menaces, lorsqu'on est assez heureux pour n'être pas obligé d'en venir aux moyens de rigueur. Et ne faut-il pas les loger, les nourrir, les entretenir, les traiter enfin avec humanité? où donc est la compensation? Nous verrons ailleurs si leur existence peut être utile à quelque chose, si elle peut du moins servir d'exemple.

« On a connu la peine, et en devenant membre « du corps social on s'y est soumis, continue Fi-« langieri. »

« Ne dirait-on pas, répond notre auteur à cette « proposition, que la convention vient d'être faite « et que le coupable y avait assisté lui-même. »

Il n'était point présent, en effet, au contrat primitif, mais il a adhéré par son entrée dans la société à toutes ses clauses, qu'il est dès-lors censé avoir connues; et s'il a le droit de réclamer l'exécution de toutes celles de leurs dispositions qui sont à son avantage, il doit s'attendre à subir la peine que ces lois sociales infligent pour punition, au délit ou au crime qu'il aura commis.

« Entrant dans l'examen approfondi de cette « grande question, il me semble, dit M. P., qu'en « la traitant on a toujours confondu les droits et les « devoirs : le devoir est une obligation, le droit « une puissance. »

Soit : nous serons d'accord à cet égard, au moins sur la proposition, mais bientôt nous voilà divisés.

« Dans l'état naturel des hommes, ajoute-t-il, « aucun d'eux n'ayant une puissance sur un autre, « il n'y existe pas de droit de punir. »

C'est une erreur, croyons-nous : dans l'état de nature, la puissance c'est la force ; or, un homme voulant attenter à ma vie, si j'ai sur lui la supériorité de la force, j'ai la puissance ou le droit, suivant l'acception donnée ici à ce mot, pour éviter la mort, de le prévenir et de la lui donner.

« Dans l'état social, punir n'est pas un droit, « mais un devoir du souverain; on lui dit : conser-« vez-nous et nous vous obéissons ; on se trompe en « disant : la société accorde à ceux qu'elle met à sa « tête le droit de punir; elle ne leur en accorde « pas le droit, mais leur en impose l'obligation. »

Nous conviendrons avec M. P. que c'est en effet

un devoir, de la part du souverain, de punir, mais nous ajouterons, et nous dirons contre son opinion, que c'est aussi un droit qui appartient au souverain, droit que lui ont transmis ses sujets. Les hommes dans l'état de nature, comme nous venons de l'établir et comme l'ont démontré les grands hommes que nous avons cités et plus particulièrement Mably et Filangieri, avaient le droit de repousser la force par la force, et c'est par une sorte de continuation, si l'on peut s'exprimer ainsi, qu'en se constituant en société ils ont conservé ce droit de punir, droit qu'ils ont délégué à un ou plusieurs magistrats, à qui ils ont pu dire en effet : Conservez-nous et nous vous obéirons. Mais si c'est pour ces magistrats une obligation de veiller à la conservation de tous, ces magistrats *peuvent* et *doivent* en même temps, c'est-à-dire qu'ils ont la puissance et le droit, de même qu'il est de leur devoir de faire observer par chacun les lois que les hommes, se constituant une société, ont pu faire telles qu'elles leur ont paru convenables, tellement rigoureuses même que quelques-unes entraînent la peine capitale ; ils ont le droit que les hommes avaient dans l'état de nature et qu'ils ont conservé dans l'état social, ne fût-ce que d'après cette maxime vulgaire et de toute éternité, que le salut du peuple est la loi suprème.

L'auteur que nous réfutons dit « que le grand
« principe de l'humanité étant de repousser l'ho-
« micide et de ne permettre de tuer que pour se
« défendre, l'offensé deviendrait coupable s'il ôtait
« la vie à son agresseur quand il aurait eu d'autres
« moyens d'échapper à ses coups. »

Ce sont de misérables subtilités métaphysiques :
et comment reconnaître jamais la véritable position dans laquelle on se trouve et pouvoir calculer
les moyens les plus convenables, et n les pas
outre-passer, d'échapper aux coups de son ennemi? La nature en jetant dans nos ames ce sentiment profond de la conservation, qui nous porte à
repousser la force par la force, nous a aussi donné
la faculté ou le droit (autrement elle nous aurait
fait un bien funeste présent) d'employer les
moyens qui nous paraîtraient les plus propres à
éloigner le danger qui nous menace ; et non-seulement ce sentiment si naturel nous entraîne à agir
dans notre intérêt personnel, mais il nous commande d'assister celui qu'on attaque. Nous ajouterons que, si c'est un droit que nous avons reçu de
la nature de concourir à la défense de ceux qu'on
attaque, c'est aussi un devoir que nous avons con-
tracté envers la société en entrant dans son sein,

car si elle s'est obligée à veiller, soit par elle ou ses représentants, à notre conservation, elle a dû s'attendre à une obligation réciproque de notre part.

L'auteur fait ici une concession, dans l'espoir sans doute d'en fortifier d'autant plus le refus formel qu'il fait à la société du droit de vie et de mort, et il dit : « En supposant que dans l'état de « nature nous eussions effectivement le droit de « mort contre celui qui attente à notre vie, il ne « s'ensuivrait pas que la société eût reçu de nous « le même droit. »

Et pourquoi pas ? le but de toute société, en cela d'accord avec la nature, n'est-il pas le bien-être de tous ? Or, si la société croit utile, indispensable pour sa conservation, d'effacer de la liste des associés un de ses membres coupable, quel empiétement y aurait-il de sa part sur les droits de la nature à disposer (bien entendu d'après les lois antérieurement promulguées) de la vie de l'homme qui se serait rendu indigne de ce titre ? Qui s'oppose à cette espèce de subrogation (si nous osons nous exprimer ainsi) du pouvoir de la nature en faveur de la société ? votre système, il est vrai ; mais votre système, produit d'une exaltation de sensibilité mal entendue, est contraire à la sécurité, au repos, à la conservation même de la grande famille.

Vous êtes convenu, pour ainsi dire, que dans l'état de nature nous avions le droit de mort contre celui qui attentait à notre vie. Eh bien ! si je viens à succomber dans la lutte provoquée par mon adversaire, je transmets en mourant mon droit à la société constituée pour prendre ma défense ou me venger, et Filangieri a eu raison de dire que, si j'ai le droit de tuer l'agresseur, il a perdu le droit de vivre, parce qu'il serait contradictoire que deux droits opposés existassent en même temps.

En refusant à la société le droit de mort, lui refuserez-vous aussi le droit de déclarer une guerre ou de se défendre contre une agression? Non, direz-vous peut-être, cette suprême loi que vous avez citée, ce *salus populi* s'y oppose. Eh bien! si la société ordonne à un grand nombre de ses enfants de marcher vers l'ennemi, combien en reviendra-t-il de ces nombreux bataillons? Que de morts données et reçues par ses ordres! alors nous vous demanderons de quel droit elle les aura donnés ces ordres, si vous lui refusez celui d'arracher de son sein, de faire tomber la tête de l'assassin qui aura eu la barbarie de porter une main coupable sur son semblable.

Poussant plus loin son raisonnement, M. P...
ajoute : « Un homme m'attaque, je ne peux me
« défendre qu'en le tuant, je le tue; pour que la
« société fasse de même, il faut aussi qu'elle ne
« puisse pas se défendre autrement. »

Le corps social a non-seulement le droit de se
défendre par tous les moyens qui lui paraissent les
plus sûrs; mais il a aussi le droit de se venger,
même par la peine capitale, de l'outrage qui lui a
été fait dans la personne d'un de ses membres.
Rentrant dans le dernier membre de la proposition
de l'auteur, nous établirons bientôt, en traitant
la seconde question, celle de savoir s'il est dans
l'intérêt de la société d'user de son droit; qu'elle
n'a en effet d'autre moyen utile et assuré de prévenir sa perte qu'en frappant de mort celui qui
aura tenté de la détruire ou qui l'aura privée d'un
de ses concitoyens; et Rousseau n'a pas été si déraisonnable en disant « que la conservation de
« l'état est incompatible avec celle du criminel ;
« qu'il fallait qu'un des deux pérît, et que lorsqu'on
« faisait mourir un coupable, c'était moins comme
« citoyen que comme ennemi. »

M. P... n'a pas moins de tort en prétendant
que Rousseau a présenté la question d'une manière

insidieuse, lorsqu'il a dit « que tout homme a droit
« de risquer sa vie pour la conserver; que celui qui
« veut conserver sa vie aux dépens des autres doit
« la donner aussi pour eux, lorsqu'il le faut, et
« que c'est pour n'être pas la victime d'un assassin
« qu'on consent à mourir si on le devient. »

Rien là que de sage, de juste et de conséquent;
mais il est une autre maxime de Jean-Jacques
que M. P... combat encore et que nous ne saurions
approuver. Rousseau dit : « La vie est un don con-
« ditionnel de l'état. » Cette maxime, au moins
présentée comme elle l'est, est en effet plus digne
d'un tyran que d'un philosophe; elle ne saurait
être reçue dans une société bien organisée et sa-
gement gouvernée.

Enfin l'auteur, que nous suivons, abandonnant
la question purement métaphysique et la considé-
rant sous le rapport de l'utilité publique, ce qui
est le second but que nous nous sommes proposé,
dit : « Tout se réduit à ce problème : Doit-on don-
« ner la mort quand on peut par d'autres moyens
« forcer à être utile et empêcher d'être nuisible? »
Entrant ensuite dans la discussion, il pose ainsi
ses propositions : « Faire l'avantage du coupable
« en le corrigeant, de l'offensé en le vengeant, de
« la société, en empêchant l'un de nuire par la

« douleur et les privations, et les autres de songer
« à nuire, par la terreur de l'exemple, voilà les
« objets principaux de la peine. »

Voilà bien assurément les objets principaux de
la peine, c'est aussi le but où doivent tendre tous
les efforts d'une société bien organisée ; mais les
moyens que va nous proposer l'auteur seront-ils
capables de l'atteindre ce but? Nous ne balançons
pas un instant à les croire insuffisants et même
dangereux.

« Votre manière de corriger le coupable, de
« l'empêcher de nuire, c'est, dit-il, de l'égorger. »

De l'égorger ! cette expression présente une
image barbare qui n'est certainement pas jetée là
sans intention. L'auteur a voulu d'abord frapper
l'imagination de son lecteur, attaquer son cœur,
sa sensibilité, pour atténuer les forces de son raisonnement ; il sait bien que lorsque l'on sent vivement on ne raisonne pas toujours juste, que souvent où le cœur parle l'esprit se tait. M. P... nous
pardonnera-t-il d'avoir dit qu'il nous en fournit
lui-même un exemple. « La plupart, selon lui
« (ceux que les lois condamnent à mort), sont trop
« malheureux pour redouter la mort, quelques-
« uns trop vils pour craindre l'infamie. »

Il n'est point de malheureux, pouvons-nous lui

répondre, à quelque degré que soit parvenu son infortune, qui ne préfère encore traîner sa déplorable existence à la privation de vivre, tant est profond ce sentiment que la prévoyante nature a su nous inspirer pour notre conservation. Les hommes qui, fatigués, dégoûtés de la vie, cherchent à en abréger le cours, font heureusement exception à la loi naturelle; on a pu s'assurer souvent que ce sont des esprits malades, et l'on doit être convaincu que presque tous voudraient retenir, s'il en était temps encore, le coup qui va les frapper.

Nous avons été nous-même témoin d'un spectacle de cette nature, qui nous a profondément et long-temps affecté, et qui prouve tout en faveur de notre opinion. Une jeune personne, contrariée dans son inclination par sa famille, après une nuit agitée, un matin ouvre sa fenêtre, à un troisième étage, et s'élance dans la rue. Par un hasard heureux, deux crochets placés au bas du balcon arrêtent ses vêtements, et la tiennent suspendue à plus de quatre-vingts pieds du pavé. On pouvait craindre qu'elle ne cherchât à se débarrasser pour exécuter son funeste projet; mais non, la nature a repris ses droits, et cette malheureuse enfant pousse des cris déchirants, appelle sa pauvre mère à son secours, et fait les plus pénibles efforts pour joindre avec la main un des barreaux du balcon, contre les vœux d'un public en stupeur qui aurait désiré la voir immobile. Heureusement un homme arriva encore assez à temps pour l'arracher à la mort. Souvent depuis nous nous sommes informés du sort de cette demoiselle, et il paraît qu'elle a trouvé dans un nouvel engagement un remède beaucoup plus naturel et plus sage à ses chagrins.

Combien n'avons-nous pas vu des célérats, qui, arrêtés au moment de la consommation de leur crime, s'en glorifiaient et réclamaient l'échafaud, et qui après peu d'instants de réflexion cherchaient, par les défenses les plus bizarres, à éviter cette mort qu'ils semblaient mépriser d'abord.

Nous pourrions citer bien d'autres exemples qui prouveraient que ce n'est pas le malheur qui fait qu'on ne redoute pas la mort, mais que la presque totalité des suicides sont dus à une maladie de l'esprit.

Quelques-uns sont trop vils, dites-vous, pour craindre l'infamie. Cela est vrai; aussi l'infamie attachée à leur nom pendant leur existence, que vous voudriez prolonger, si elle leur est indifférente, est-elle par conséquent un frein impuissant pour les retenir. Cet argument est évidemment contraire à votre système.

C'est une erreur de Beccaria, partagée par son admirateur, que de prétendre que ce n'est pas l'intensité de la peine qui fait le plus grand effet sur l'esprit humain, mais sa durée. La durée de la peine perpétuelle serait horrible en effet, si cet autre bienfait de la nature, l'espérance, n'était pas toujours la compagne de tous nos maux. Il n'est pas un criminel, condamné aux travaux forcés, qui ne conserve l'espoir de s'évader, et la vérité est qu'il s'en échappe beaucoup des bagnes [1].

« La peine de mort satisfait-elle au moins à l'u- « tilité publique par l'exemple qu'elle donne? Elle « n'y satisfait pas dit M. P..., si, au lieu d'inspirer « de l'effroi, elle inspire plutôt de la commisé- « ration pour celui qui souffre, et de l'horreur pour « celui qui fait souffrir. »

---

[1] L'auteur, dans une note, en porte le nombre à deux sur cinq cents; il est dans une si grande erreur, que l'on pourrait presque le soupçonner de mauvaise foi. On pourrait se convaincre, si on compulsait les registres des greffes des Bagnes, que sur cinq cents criminels condamnés aux travaux forcés à perpétuité, il s'en échappe, dans le cours de 20 ans, au moins quarante à cinquante. Il suffit d'avoir été attaché à un tribunal criminel à Paris, pour être effrayé du nombre des forçats évadés.

Qui vous a dit que le spectacle de la peine capitale, infligée à un grand coupable (car nous ne
prétendons pas que l'on doive appliquer cette
peine à d'autres qu'à de très-grands coupables),
inspirât de l'horreur pour ceux qui l'appliquent?
Voyez ce peuple revenant en foule d'une exécution, écoutez-le s'entretenir du spectacle dont il
vient d'être le témoin : l'avez-vous jamais entendu
maudire le gouvernement qui avait poursuivi le
coupable, le juge qui l'avoit condamné, même
l'exécuteur de l'arrêt de la justice? il cherche bien
plutôt à se mémorer de toutes les circonstances
qui ont accompagné le fait qui a conduit le criminel à l'échafaud ; il en frémit encore, surtout
s'il est récent. Malheureusement les formes conservatrices, mais lentes de notre procédure criminelle, donnent à l'indignation le temps de se
refroidir; mais elle se réveille au moment de l'exécution : et si le peuple voit passer le coupable,
marchant à la mort avec moins d'horreur contre lui
qu'il n'en eût éprouvé au moment du crime, soyez
bien persuadé qu'il n'en voue pas moins sa mémoire
à l'infamie, et qu'il n'en serait pas moins affligé de
voir qu'il échappât au supplice qu'il a si bien mérité.

Transportez-vous dans la soirée, le lendemain

encore d'une exécution, sur les places publiques, dans les boutiques, dans les ateliers ; écoutez ceux qui ont assisté à l'exécution raconter à leurs enfants, à leurs voisines, à leurs camarades qui n'ont pu s'y rendre, ce qu'ils ont vu ; voyez ce qu'éprouvent ces auditeurs attentifs, et vous pourrez juger ce qui inspire à tous le plus d'horreur, ou du crime ou du châtiment ; vous verrez quelles impressions profondes ces récits auront pu jeter dans leurs ames; vous verrez que si quelques-uns ont pu compatir un instant au malheur du condamné, ce misérable sera bientôt oublié, et que l'impression du supplice, que maintenant ils peuvent juger méritée, restera long-temps : alors vous jugerez *que la peine de mort satisfait à l'utilité publique par l'exemple qu'elle donne;* et ne craignez pas que ces exemples, qui doivent être rares, nous en convenons, *façonnent insensiblement leurs témoins à la barbarie.*

Néanmoins, nous l'avouerons, les adversaires de la peine capitale deviennent chaque jour plus nombreux; mais il est une remarque essentielle à faire, c'est que tous se trouvent dans les rangs des novateurs en littérature comme en législation, presque tous jeunes gens partisans du romantique jusqu'à l'enthousiasme, quelques-uns jusqu'au fanatisme. Et, de bonne foi, nous le demandons, est-ce par l’enthousiasme, par le sentiment encore, que doivent être dirigés les législateurs qui auront à fixer un point de législation d’une aussi haute importance, qui doit avoir tant d’influence sur les mœurs, les actions du peuple, et la tranquillité de la société ?

La Gazette des tribunaux a souvent abordé la question, et son numéro du 7 février 1829 contient, à l’occasion d’un écrit de M. Victor Hugo, un article fort bien fait du reste sur la question qui nous occupe, dans lequel son auteur pose en principe que c’est « en s’adressant au sentiment « qu’on détermine des adhésions vives et vraiment « sympathiques. »

Nous l’avons déjà dit, lorsque le sentiment agit, que l’on sent trop vivement, on ne raisonne pas toujours juste. Me Duvergier, avocat, l’auteur de l’article, poursuit : « Or, dit-il, qui pourrait com-« parer l’effet produit par les écrits scientifiques à « l’impression douloureuse que chacun ressent « en s’arrêtant devant le tableau où un soldat est « représenté déjà à genou en face du peloton qui « doit le fusiller ? »

Cette émotion est toute naturelle, cela doit être ainsi. Ces soldats tenant leurs fusils en joue sur leur camarade, ce grenadier déjà à genou, ce chien fidèle qu'il veut écarter; qui pourrait en effet regarder d'un œil indifférent une image si touchante? on est frappé de l'action dramatique du moment : cette terrible position d'un homme comme *moi* touche, émeut; on ne sent, on ne sait, on ne voit pas autre chose. Mais mettez à côté, donnez pour pendant à ce tableau, le tableau fidèle de l'action, du fait qui a motivé la condamnation : si ce pouvait être un lâche homicide que ce soldat, vous verriez bientôt l'intérêt pour le condamné s'affaiblir, et cette nouvelle scène de terreur produire la même émotion sur l'ame des mêmes spectateurs.

Un livre semblable (l'écrit de M. Hugo), continue M. Duvergier, aura l'influence la plus grande, peut-être faut-il le dire, la plus décisive (la solution de la question). Tant pis : ce n'est pas dans un roman que le législateur, pas plus que le juge, doit aller chercher la raison de se décider; et, plus l'ouvrage renfermera de chaleur et de talents, comme celui de M. Victor Hugo, et plus il sera dangereux. Le souscripteur de l'article, en terminant, nous fait une concession qui confirme ce que nous disons : « Entraîné par ses vives émotions, ajoute-t-il, le « poète n'a pas toujours vu exactement juste. »

Ne serait-il pas à craindre que le législateur qui consulterait le poète ne s'égarât avec lui? Le sentiment doit donc être souvent un fort mauvais conseiller, lorsqu'il s'agit de la rédaction d'une loi.

Un premier numéro du même journal, à la date du 18 mai 1828, en rendant compte de l'exécution à mort de François Maillant et de Françoise Doussau, dit : « Cette exécution présente un spectacle « qui vient encore et hautement déposer en fa- « veur des adversaires de la peine de mort. A l'as- « pect de la fatale charrette, croit-on que les ha- « bitants aient éprouvé une salutaire terreur ou « une horreur profonde contre le crime? Non : les « sentiments qui dominent dans toutes les ames, « c'étaient l'intérêt et la pitié pour les condamnés. « Aussitôt qu'on aperçut le convoi funèbre, des « cris de douleur se firent entendre de tous côtés ; « Pauvres enfants ! pauvres enfants ! s'écrie le « peuple autour de la charrette, etc. »

Il ne pouvait en être autrement. Malheur, mille fois malheur au peuple qui verrait un pareil spectacle sans en être attendri! qui verrait avec indifférence deux jeunes gens marcher à la mort, versant les larmes amères du repentir sur leur crime, implorant la miséricorde divine èt le pardon de leurs parents, de leurs amis et des nombreux spectateurs qui les entourent. C'est toujours, ainsi que nous venons de le dire en parlant du tableau du soldat passé par les armes, l'action dramatique du moment qui produit son effet naturel : pas un des spectateurs, dans cet instant de douleur, à qui la nature permette de se rappeler le fait qui conduit les coupables à l'échafaud. Mais bientôt la réflexion et la raison reprendront leur empire ; bientôt on ne se rappellera plus du crime et du châtiment qu'avec un sentiment d'indignation et d'horreur ; le souvenir en restera gravé dans la mémoire des mères, qui les rappelleront à leurs enfants, et ce terrible spectacle, quoique vous en disiez, ne sera pas perdu pour leurs mœurs.

Revenons à notre auteur. M. P... admet cependant une circonstance où la société peut immoler un coupable, c'est celle d'une conspiration secrète ; mais il y met cette condition, qu'il soit impossible de le conserver sans danger.

Eh bien ! c'est un fait malheureusement trop bien démontré que, quelques précautions que l'on puisse prendre, quels que soient les verroux tirés sur un scélérat, coupable d'avoir conspiré contre sa patrie, d'avoir porté une main parricide sur l'auteur de ses jours, ou seulement d'avoir attenté à la vie d'un de ses concitoyens, il est impossible de répondre qu'il n'échappera pas un jour, et alors quel malheur ne peut pas causer une pareille bête féroce, lancée de nouveau dans la société [1]. Deux frères, deux monstres de l'arrondissement de ***, dans le ressort de la cour royale de Paris, avaient attenté à la vie de leur père. Traduits à la cour d'assises, encore bien qu'il fût constaté qu'ils avaient attendu leur malheureux père sur son passage, des jurés, qui apparemment pensaient comme M. P..., écartèrent la circonstance de la préméditation, et ces fils dénaturés ne furent condamnés qu'à la peine des travaux forcés. Deux ans après l'un d'eux parvint à rompre ses fers, et bientôt après un plomb parricide frappa de mort l'infortuné vieillard.

Cet exemple prouve que ce ne sont pas des hommes égarés par la crainte qui ont dit qu'en laissant vivre le coupable on devenait coupable soi-même de tous les maux qu'il pouvait produire; et que si désormais un citoyen tombait sous ses coups, il était évident que, par une imprudente

---

[1] La fuite d'un coupable, dit M. P... dans une de ses notes, n'est pas un grand malheur. Non, la fuite par elle-même n'est pas un grand malheur, mais ce sont les conséquences, les résultats qu'elle peut avoir, qui sont effrayants; le fait que nous allons rapporter en est la preuve.

bonté on aurait sacrifié l'honnête au méchant.

Pour réponse à cette objection, à son système, que dans tous les siècles et chez tous les peuples on a décerné la peine de mort, et qu'une expérience aussi longue et si universelle prouve sa justice et sa nécessité, M. P... rapporte l'exemple de quelques peuples qui ont aboli la peine capitale ou l'ont restreinte à un petit nombre de crimes, et après être convenu que, malheureusement, les objets de comparaison ne sont pas égaux, il cite Rome, qui, par la loi *Porcia*, abolit la peine de mort; il prétend établir que tout le temps que cette loi fut en vigueur on vit moins de grands crimes dans cette capitale du monde qu'il ne s'en commettait avant son émission et qu'il ne s'en *commit* depuis sous les empereurs; il présente aussi un exemple moderne, celui de la Toscane, « méritant, dit-il, d'autant plus d'influence que « les Toscans sont, comme les Français, un peuple « doux et sensible. »

Et d'abord, il n'est pas bien établi que Rome ait reçu de la loi Porcia tous les avantages qu'elle en attendait, et puis aucun peuple ne saurait être comparé au peuple romain qui se trouva souvent plus qu'aucun autre dans l'obligation de changer ses lois ou de les modifier; qui ne fut constant que dans sa politique, dans son ardent amour pour les conquêtes, et dans son insatiable avidité pour les dépouilles. Image fidèle d'une mer toujours orageuse, le peuple romain, jamais inoccupé, sans cesse les armes à la main, agité souvent dans le sein des factions, et emporté par le parti dominant comme la vague, pendant la tempête, par le vent qui souffle avec le plus d'impétuosité, le peuple romain, disons-nous, n'éprouvait pas le sentiment des vengeances particulières; d'un autre côté, par les largesses du parti triomphant, au moyen des distributions du produit des conquêtes, des colonisations et des immenses travaux que la république offrait continuellement à leur activité, rarement pauvres, au moins individuellement, les Romains ne devaient guère éprouver le besoin de voler, jamais celui d'homicider pour y parvenir.

Il est une autre cause, à notre avis, beaucoup plus puissante, beaucoup plus préservatrice encore des grands crimes, qui servit à calmer plus d'une émeute, parce que le peuple lui dut de conserver long-temps encore ses mœurs, d'être plus respectueux et plus déférant, et à qui Rome dut par conséquent, plus d'une fois peut-être, son salut; c'est la bienveillante et admirable institution du patronage, institution qu'aucune loi n'établissait, mais que consacra l'usage, et au moyen de laquelle une famille patricienne devenait, par ses richesses, par son crédit, par ses talents, sa considération, et surtout par ses hautes vertus héréditaires, la protectrice de plusieurs familles plébéiennes qui, à leur tour, s'attachaient à la fortune de la puissante famille, la suivaient dans les combats, la conduisaient au sénat, l'accompagnaient et la soutenaient au Forum, prêts en toutes occasions à mourir avec elle ou pour elle. Douce réciprocité de déférence, d'égards et de respects, de protection, de soins et de faveurs, qui ne faisait de plusieurs milliers d'individus qu'une grande famille ! Des murs qui voyaient tant d'associations de cette nature devaient nécessairement un jour devenir la cité du monde, la ville éternelle.

L'exemple de Rome, qui cessa quelques instants d'infliger la peine capitale, ne peut donc être d'aucun poids dans la décision de la grande question que nous traitons : il en est de même de l'exemple tiré de la législation criminelle de la Toscane. Les Romains étaient trop grands, leurs mœurs étaient encore trop robustes et trop pures, même au temps de la loi Porcia, pour que nous puissions prétendre à les imiter. La Toscane au contraire est un trop

petit pays, son empire est trop resserré pour que
ses usages, ses mœurs et ses lois puissent être
adoptés par nous.

L'auteur termine ainsi : « Après avoir vaincu
« Carthage, Rome lui défendit d'égorger des hom-
« mes ; elle ne fit jamais un plus bel usage de sa
« victoire [1]. » Cela est vrai, et nous sommes char-
més d'être au moins une fois d'accord avec M. P...
Cependant, nous ne pouvons nous dispenser encore de lui demander si les victimes que les Car-
thaginois immolaient à leurs faux dieux, étaient
des traîtres, des assassins ou d'innocentes victimes ?

Nous avons déjà dit que dans l'assemblée constituante, lorsque le comité de législation criminelle, par l'organe de M. de Saint-Fargeau, pré-
senta un projet de Code pénal, un seul orateur,
et ce fut Roberspierre, refusa à la société le droit
d'infliger la peine capitale ; tous les autres membres de cette mémorable assemblée qui montèrent
à la tribune, pour soutenir que cette disposition

---

[1] Si les Romains, en vainqueurs magnanimes, n'eussent usé de leurs
droits de conquête que pour opérer de pareilles réformes, les ruines de
Carthage, comme celles de tant d'autres cités, n'auraient pas appelé sur
eux les vengeances de la postérité.

rigoureuse devait être effacée de notre loi pénale, se fondèrent sur son inutilité, son immoralité et sur son danger.

Le rapporteur du comité, après avoir reconnu le droit dans la société, s'exprime ainsi : « Mais si « le fond du droit est incontestable, de sa néces- « sité seule dérive la légitimité de son exercice; « ainsi, la société ne peut légitimement exercer le « droit de vie et de mort, que s'il est démontré « impossible d'opposer au crime une autre peine « suffisante pour le réprimer. » Déjà nous l'avons démontrée cette impossibilité d'opposer au crime une autre peine suffisante que la peine capitale, soit pour les crimes déjà consommés, soit pour les crimes qu'il est utile de prévenir. Nous avons prouvé par des faits que, quelles que puissent être les précautions prises, il était impossible de s'assurer pour toujours d'un grand criminel. « Ce « sont des ames d'une trempe peu commune, qui « animent les grands scélérats, dites-vous. » Sans doute et ils en sont plus à craindre, et s'ils réussis- sent à s'échapper (nous avons établi que le cin- quième au moins parvient à briser ses fers), que n'a-t-on pas à redouter? quels crimes ne peut pas commettre encore *celui qui, tranquille à la vue du sang humain versé par son crime, a*

déjà remporté sur la nature une affreuse vic-
toire ?

Nous sommes également parvenus à démontrer, croyons-nous, que cette peine n'était pas moins préventive que répressive par la terreur qu'elle inspire, sinon à tous les scélérats, au moins à ceux dont l'ame d'une trempe plus commune, ne sont cependant retenus que par la crainte du dernier supplice.

M. de Saint-Fargeau, en terminant son rapport, dit : « Jusqu'ici nous avons raisonné en supposant « la mort justement prononcée ; mais un innocent « ne succombera-t-il jamais ? De trop funestes « exemples... » Hélas ! depuis que vous teniez ce langage, M. le rapporteur, vous avez donné un bien épouvantable exemple, que, en effet, plus d'un innocent pouvait succomber ; mais, nous le demanderons aux mânes de M. de Saint-Fargeau, si la peine de mort eût été abrogée, tant de vic- times innocentes qui ont succombé sous le fer des bourreaux révolutionnaires, ou par le plomb meurtrier de la tyrannie en eussent-elles été moins assassinées ? d'où l'on doit conclure que l'aboli- tion de la peine de mort ne servirait qu'aux scélé- rats... Sans doute quelques funestes exemples, bien rares, ont pu faire gémir l'humanité ; mais c'est le propre des institutions de l'homme de se ressentir de leur frêle origine.

La commission de l'assemblée constituante proposa de substituer à la peine capitale un cachot obscur, dans lequel le condamné serait renfermé chargé de fers , et où il ne recevrait pour nourriture que du pain et de l'eau, et de la paille pour se coucher. « Pour adoucir la rigueur de son sort « qui, dit M. le rapporteur, serait pire que la « mort, la peine des condamnés ne serait pas soli- « taire; les portes de son cachot seraient ouvertes; « et pour offrir une imposante leçon, le peuple « pourrait le voir chargé de fers au fond de son « douloureux réduit. »

Cette peine , telle que le comité la concevait et la présentait, c'est-à-dire si la privation de la liberté et de la vue du jour et du ciel , spectacle si grand et si important, excitait dans l'ame du condamné autant et d'aussi vifs regrets que la commission le supposait , cette peine , disons-nous, serait en effet, ainsi que le disait son rapport, pire que la mort la plus cruelle , et dès-lors deviendrait, de la part de la société , un acte de barbarie d'autant plus condamnable , qu'il serait sans efficacité; car le peuple voyant tous les mois le condamné dans son cachot, ou s'attendrirait trop sur ses malheurs, ou finirait bientôt par y être indifférent; et si ce spectacle ne faisait plus sur lui d'impression, le but du législateur serait évidemment manqué.

Plusieurs orateurs montèrent à la tribune pour repousser le projet du comité, quelques-uns pour le défendre : les uns et les autres employèrent les arguments tirés de Beccaria, de Filangieri et des trois publicistes français que nous avons cités, et l'assemblée constituante ; après une longue et solennelle discussion, décréta presque à l'unanimité, que la peine de mort ne serait pas abrogée : elle ajouta, par un sentiment d'humanité auquel nous ne saurions donner trop d'éloges, que cette peine serait réduite à la privation de la vie et qu'il y aurait une graduation dans l'appareil des supplices.

Hélas ! pourquoi cette assemblée, cette réunion si extrordinaire de tout ce que la France avait créé et formé d'hommes d'esprit, d'hommes éclairés, d'hommes à talents, d'hommes vertueux, dévorés de l'ardent amour du bien public, pourquoi faut-il que ces mêmes hommes fussent aussi dévorés d'un vain désir de fausse gloire ? Novateurs imprudents, ils voulaient présenter à la nation française, à l'univers, une œuvre qui ne ressemblât à rien de ce qui jusqu'alors avait été consacré par l'expérience, par la raison ; une œuvre qui fût considérée comme une inspiration du génie, et ces jeunes législateurs, par leur dangereux essai, mirent en jeu, contre l'espoir d'acquérir un renommée que leur ardente et vaniteuse imagination s'exagérait, la destinée de trente millions de leurs concitoyens.

Une ou **deux** voix s'élevèrent dans l'assemblée en faveur de l'aggravation de la peine capitale par quelque autre supplice : elles furent bientôt étouffées. Cette conduite fait honneur à l'assemblée constituante ; on a déjà pu remarquer que nous partagions absolument son opinion à cet égard. Si nous avons le malheur d'être convaincu qu'il est impossible d'abroger la peine de mort, nous pensons qu'elle doit être la plus simple et la plus rare possible, dans des cas extrêmement graves ; qu'elle ne doit être infligée que pour de très-grands crimes ; pour les crimes de haute trahison, de parricide, de fraticide, de conjugicide, d'assassinat, d'incendie et d'empoisonnement. Mais si nous croyons qu'il serait barbare, impolitique, peut-être même dangereux, de ne pas borner la peine due aux grands crimes à la simple privation de la vie, et d'y ajouter quelques autres maux physiques, nous désirerions que ce spectacle, pour produire une impression profonde qui pût jeter dans l'ame de ses spectateurs des souvenirs ineffaçables, fût entourée d'un grand appareil. Pourquoi les exécutions, comme autrefois en France, ne seraient-elles pas accompagnées de solennités frappantes, des cérémonies imposantes de la religion, qui ne manquent jamais entièrement leur effet, même sur les hommes les moins religieux? Pourquoi les portes du temple le plus voisin du lieu où serait faite l'exécution ne seraient-elles pas ouvertes aux fidèles qui viendraient se prosterner au pied des autels pour implorer la clémence du Très-Haut, en faveur du malheureux prêt à comparaître devant son tribunal? Pourquoi la cloche, dont le son serait le plus lugubre, n'annoncerait-elle pas par ses coups lentement répétés l'heure fatale? Nous voudrions que les tristes restes de l'exécuté, portés dans la même voiture et entourés des mêmes individus qui l'ont conduit à l'échafaut, fussent déposés dans le cimetière commun, mais dans un coin éloigné et séparé par une barrière en fer dont la porte serait peinte en rouge ; et que sur chaque tombe on élevât une colonne en pierre noire, sur laquelle seraient gravées en lettres rouges la nature et les circonstances du crime. L'enfant, conduit par sa mère au milieu de ces sépulcres du crime, ne lirait pas cette inscription funèbre : *Ci-gît un parricide !* et surtout n'entendrait pas sans une vive émotion, et sans en conserver le souvenir, sortir de cette bouche qui tant de fois le carressa, ces mots : *Mon fils, il a tué sa mère !*

FIN.

NOUVELLES PUBLICATIONS

DU DÉPOT DES LOIS.

CODE DE LA GARDE NATIONALE de France, ou recueil de lois, acte législatif, décrets, ordonnances, instructions ministérielles concernant le rétablissement, l'organisation, les conseils de discipline et l'uniforme des Gardes Nationales de France ; 1 vol. in-8. 2 fr. 50 c. Et 3 fr. par la poste.

CONTRAINTE PAR CORPS (de la), considérée sous les rapports de la morale, de la religion, du droit naturel et du droit civil, et dans l'intérêt de l'humanité en général; par J.-L. Crivelli, avocat à la Cour royale de Paris. 1 vol. in-8. 4 fr. Et 4 fr. 60 c. par la poste.

ÉTUDES DE JURISPRUDENCE COMMERCIALE, ouvrage posthume de A.-G.-J. Gautier, avocat; précédé d'une notice sur sa vie, par M. Dupin aîné, bâtonnier de l'ordre des avocats; 1 vol. in-8. 7 fr. Et 8 fr. 50 c. par la poste.

MÉMORIAL CONSTITUTIONNEL, ou recueil chronologique des diverses constitutions de la France depuis 1789; 1 vol. in-8. 5 fr. Et 6 fr. 25 c. par la poste.

RECUEIL DES LOIS ET ORDONNANCES relatives à la liberté de la presse et à la publication des journaux et écrits périodiques; 1 vol in-8. 2 fr. 50 c. Et 3 fr. par la poste.

9 782016 143223